每日一點
負能量∞

Chloe／著

目錄

∞憂鬱症

憂鬱症會因為生理及心理的狀況而才產生的文明病，這樣的疾病已經席捲全球。

這隻黑狗住進了很多人的心房。

活著的意義是什麼？

沒有人可以給我滿意的答案，包括我的醫生。

你呢？

覺得自己出生在這個世上的意義是什麼？

從學生到社會人士再到家庭，生老病死一代又一代，有九成的人都過著這樣的生活吧。

好好想一想這是你要的人生嗎？

圓滿的人生該有哪些元素？

或著說根本沒有圓滿的人生，我也不渴望有美滿

的人生，不完美才有它的美，對吧？

∞童年

我有一個不同色彩的童年的，我的童年深深影響我的一切，我的人格、人生觀和心理健康。

但我也很感謝老天爺，給了我不一樣的童年，造就今天特別的我。

我相信一個人的成長背景會深深影響這輩子的模樣。

如果我早點了解到「憂鬱症」，現在的我會不會又更不一樣呢？

我的童年幾乎沒什麼娛樂，因為家裡管得嚴，基本上電腦電視能使用的時間少之又少，雖然媽媽

曾經說他不希望我們沒有童年，但可惜的是現實正是如此，小時候媽媽對成績很要求，拿不到好成績，一頓打罵是免不了的。

小時候還有因為身上的傷，嚇壞班上的同學，曾經也有老師認為我被家暴。
同學驚嚇的眼光我至今仍無法忘懷，因為我是偷偷掀開衣服查看傷口被看到，這讓我印象非常深刻，老師的關心我也連忙解釋否認一切。

基本上我的時間都是坐在書桌上度過，放學後，馬上趕去補習班或才藝班，我想很多人也跟我有同樣的經歷吧。

沒有考上好學校沒有好未來，這樣的觀念一直深深的烙印在學生們的骨子裡，國中時期成績是越

來越走下坡，班導師告訴爸媽，因為我都跟愛玩孩子混在一起。

還曾經以為我有吸毒叫我去驗尿，站在走廊上被路過的老師狠狠羞辱了一頓，我實在無言以對，我跟吸毒的同學根本不熟。

只因我成績原本不錯，後來漸漸落後，我確實跟一群女生玩在一起，但我們真的天真無邪又幼稚，根本不是老師口述的那樣，因為教壞朋友。

想當然父母一定採信老師的說法，國中那三年我的日子很難熬，回了家要面對父母的打罵，根本不需要解釋什麼，父母只要聽信師長的話即可。

其實很簡單我只是讀書上遇到瓶頸，如果沒有那些誤會和不信任，也許今天會有不一樣的結局吧。

有一晚同樣被爸媽轟炸後，我躲在桌子下面睡著了，當時應該就是一次憂鬱症的發作，但我並沒有意識到。

整個人蜷縮在桌子底下，冷冰冰的地板陪伴我入睡。

但事情也發生了，在心裡已造成傷害，雖然知道當時的老師是出自好心，但還是對於他的做法感到不解，讓我國中三年籠罩在可怕的氛圍中。

你也有被誤會、不被諒解的時候嗎？

沒關係，即使百口莫辯，你依然要堅強的面對一切，如果因為這樣退縮，你的不被諒解永遠不會被解開，更沒人會替你解開。

從那之後我開始變很少話更加孤僻，與家人關係

更加疏遠。

總之，我的學生時期過得不是很快樂，跟家裡的關係也不是很好。

但對我來說這還只是小事，真正讓我留下陰影另有其事。

love

∞婚姻

幾乎結過婚的大人都跟我說不要結婚啦，聽多了真的會讓人想笑......

當然也包括我的媽媽，也說了不一定要結婚，她說想不開才結婚。

不難猜我爸媽的婚姻也走得很曲折，作為孩子的我們也看在眼裡，不可能不受影響。

正因我父母的婚姻狀況，教會了我很多事情，我比同年齡的孩子更加獨立成熟，學會理性去面對事物，提早明白一個人的經濟獨立是多麼重要的事情。

16

看過太多次他們在我們面前吵架，尷尬的氣氛、
離家出走和摔東西等等，這樣的婚姻怎麼可能不
影響孩子呢？

半年不到轉學兩次，情緒不穩定的爸媽，發洩情
緒在小孩身上的大人。

記得小時候大部分的日子都是活在恐懼當中，雖
然爸媽的婚姻不美滿，卻給了我很正確的婚姻觀
念。

我相信婚姻中遇到更大問題的家庭一定更多，或
許我這還算小事而已。

但還是大大的影響了我的人生。

我深深的相信婚姻是人生的一大考驗，不會像童話故事那麼美滿。

∞家庭

在未來我會有自己的家庭嗎？

我會有自己的小孩嗎？

現在的答案是：不！

我知道未來變數很多，但現在的我受原生家庭的
影響太深，不敢輕易踏入婚姻的殿堂。

我也沒那麼偉大為了家庭去犧牲一部分的自己，
甚至需要犧牲全部，去成全他人。

婚姻是兩個家庭的事，是兩個沒有血緣的人變成
法定親人的事，是一份愛情的續約協議，而現代
人似乎已把婚姻看成很稀鬆平常的事。

我有一個姊姊大了我六歲，在我眼裡他很優秀，

但小時候我們感情並不是特別好。

媽媽曾經跟我哭訴，那是因為我搶走了所有的關
心，所以姊姊討厭我，因為我從小就不好帶，常
常需要看醫生去公廟拜拜，又讓我學了很多才
藝，常常要帶著我到處跑，而冷落她。

媽媽說我們感情不好是她的錯，但對當時不到十
四歲的我來說，這個話題太沉重，我無法負荷造
成我的心理非常抑鬱。

應該說我青少年時期和家裡的人感情都不是特別
好。

但還好的是隨著時間的過去，都長大的姐妹關係
緩和很多，也算是在互相扶持，這讓我心裡放下
一塊石頭。

姊姊在得知我確診憂鬱症後，也第一時間來探望我。

家庭的每個成員環環相扣，沒有一百分的父母，也沒有一百分的子女，因為我們都是第一次扮演各個角色啊！每個家庭都有需要修煉的課題。

∞起因

國小的時候有一位同學，他是轉學過來的資優
生。

因為他我第一次聽到「輕鬱症」這個名詞，矇懵
懂懂的我只知道這是會自殺的病。

想了想曾經的我也希望自己可以離開這個世上，
停止呼吸、美工刀是我做過的事情。

資優生同學還跟我分享燒炭最好，離世的時候臉
色會很紅潤，他的意思似乎是指這是最體面的死
法。

我是那麼渴望我可以這樣消失在世界上啊！

所有事情中如果要選一項會選哪個呢？

當然是睡覺啊！睡覺就好像暫時消失在這個世界上，最好永遠不要醒來，應該是很多人的夢想吧。

好想在一氧化碳中毒 缺氧中得到解脫，想靜靜地跟這個世界告別。

∞症狀

憂鬱症會有哪些症狀呢？

1.心情連續抑鬱兩週以上

2.失眠

3.食量不穩定

4.睡太多或睡太少

5.對曾經感興趣的人事物失去興趣

6.動作、思考遲緩

7.注意力不集中、記憶力衰退

8.自殺企圖

9.焦慮

10.體重變化

以上等等跡象，如果困擾著你，可以上網搜尋更

多資訊，網路也有憂鬱症的線上檢測，可以當作你的參考。

其實走一趟精神科，並不是一件壞事啊，好好照顧自己，正視身體心理發出的警訊。

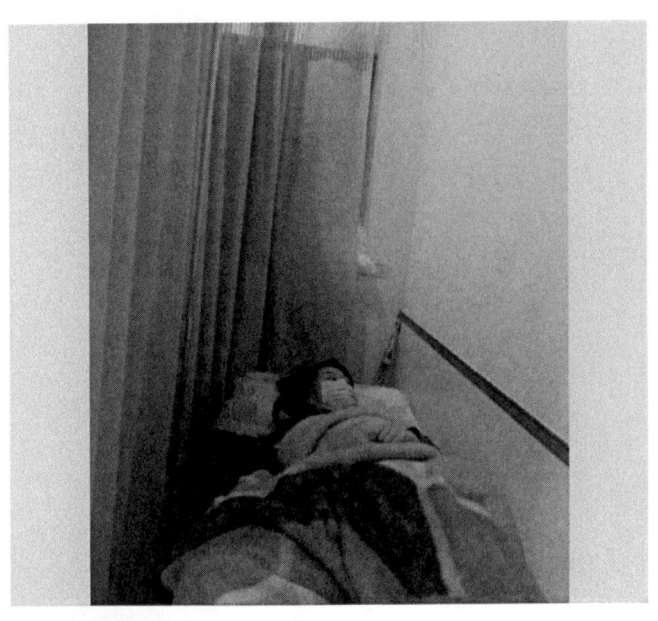

∞ 確 診

第一次自己跑去精神科看診,我問醫生我到底是
真的憂鬱症還是單純心情不好。
當時還想說如果只是單純心情不好,我是該鬆口
氣還是用怎樣的心態去面對呢?

醫生反問我你怎會覺得自己有憂鬱症呢?
我說我小時候有上網做過憂鬱症的檢測,我的測
驗是有通過的。

這樣憂鬱的日子也超過十年了吧,偷偷跑去看醫
生的時候已經二十二歲了,還是因為終於有賺錢
也比較自由才有機會,去解開我多年的煎熬,確

診後的我心情很複雜。

原來我是真的生病啊！

從此開啟我漫長的療程。

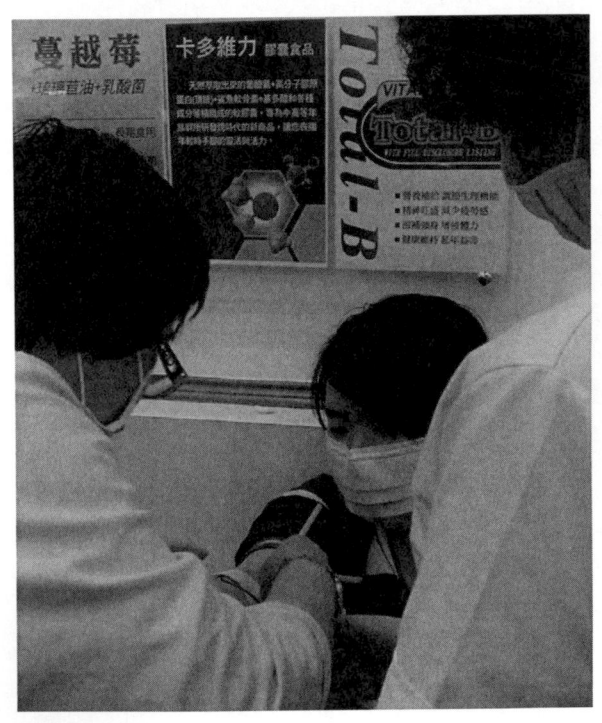

∞ 初戀

自己說有點不好意思，不過我的桃花幾乎是沒有斷過，但由於太理性又不相信愛情，所以一路拒絕到二十三歲。

在我正式出社會的第一份工作，遇到一位不是我喜歡的類型的工程師，就這樣莫名其妙敗在他的石榴裙下，一部分的原因是因為我卸下心防，跟他說我有憂鬱症，他也欣然接受，每個月都會定期陪我回診。

我相信能讓患者說出自己是憂鬱症患者是一件很不容易的事情，所以這大概是我選擇這個男孩最重要的原因了吧。

但你以為我會說談了戀愛解救了我嗎？

哈哈 並沒有！

他能陪我複診我已經很感謝了，但他顯然不懂我的苦，他一直覺得我狀況很好，反而有時候吵架的時候還會讓我更憂鬱，不過也是覺得很有趣，以為自己不會那麼早談戀愛，也以為會跟自己喜歡的型在一起，但人生總是這樣愛唱反調。

有時候覺得即使再親密的人也未必能百分之百的了解你，我本來就不是很相信感同身受的說法，但要他們完全理解也是很難啦。

我不奢望會因為一場愛情就會改變我的症狀，我不善於表達自己的情緒也不喜歡讓人看見我的情緒起伏。

所以我男友一直覺得我很好，但實際上我想自殺

的心情從未消失過，只是在自殺時會多一個牽掛，但這樣會帶給他很大的陰影吧。

簡單來說，迎來了初戀但並沒有迎來人生的新曙光。

但誰說生病的人不能談場戀愛，說不定一場戀愛會帶給你新的目標和希望！
有很多電影題材都是跟在講述有疾病的患者與他人的愛情故事，大膽的幻想自己會像偶像劇一樣，被愛情的力量救贖吧！
我也相信真愛是可以讓人得到幫助的。

∞孤獨

我自認是個非常獨立的人，很需要也很享受一個人相處的時光，甚至想一個人去日本旅行，機票住宿都準備好了，雖然最後被阻止了～

但偶爾病發的時候，會覺得全世界只剩下自己，孤單到不行，為此嚎啕大哭，撕心裂肺的大哭，這樣的孤單感，你懂嗎？

一般人也會有這種感覺嗎？

總覺得這個世代的人都很怕孤單，但憂鬱又讓我很需要自己的空間。

生活總是充滿矛盾對吧？

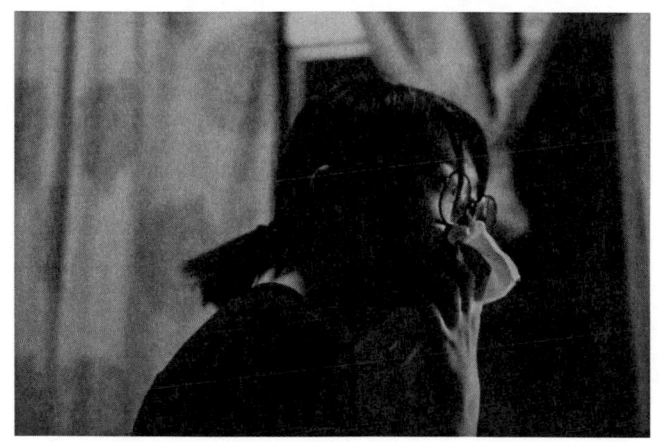

∞病發

我從來沒讓人看過發作的時候的樣子，我很害怕自己病發的樣子被任何人看到，連我自己都害怕的樣子，親近的人看到會有多心痛，這是一種無法控制的情緒和行為，黑狗常常在我的房間陪伴我，一次又一次，一年又一年……

我曾經病發的時候在家庭群組亂發一些自殺影片，或著在群組裡用文字宣洩情緒，現在想來對家人感到很抱歉，但那真的是我無法控制的。

我的男朋友常常讓我覺得他在狀況外，所以我偶爾會傳一些正經的影片，講述關於憂鬱症的影

片。

有一天我問他你到底有沒有看啊？

他回答：沒有

為什麼？

他回答：因為對我來說太沉重了……

我才意識到有時候在釋放負面情緒，其實身旁的
人也是很辛苦的，因為每個人的承受能耐不同，
強迫他們去了解我們的疾病，其實他們也是會有
壓力的吧，所以我的男朋友才會說他無法負
荷……

我這樣是不是有點自私？

一昧的希望得到旁人的救贖，卻忘了人都有需要
被幫助的時候，但我懂這很矛盾，又要我們發出
求救信號，但又怕身旁的人也受到傷害。

尤其在我搬回家住後，我更加收斂我的情緒，在家人知道我有憂鬱症之後，更是無時無刻的關注我的情緒變化，稍微風吹草動就會讓他們有動作，因為怕家裡擔心，也怕家人被我的負能量感染。

其實他們都有被我的情緒影響過，我看在眼裡非常自責難過，想要找到一個平衡點確實很難。

這也是我和我身邊的人都在學習的事情。

想一想因為一場病可能會影響到身邊的人，同時也讓親近的人有了要學習的學分，好一點大家的關係或許會更親近一些！

∞ 負能量

有人跟我一樣嗎？看心靈雞湯都忍不住想吐槽，
成功人士分享他們的經驗，我總是能用負面的想
法，去推翻他們的正能量。
我自稱負能量女神啦～哈哈

誰說人生一定要充滿正能量，偶爾有點負能量調
味也是不錯的，我很理性很負面，不過也還好
啊，這樣凡是不會過度樂觀，面對結果我更能坦
然接受。

當然當我們在抱怨一天遇到的衰事的同時，其實
你也遇到很多幸運的事，例如：行車平安、準時

下班、便當很好吃......

其實當你看到這本書已經很幸運了，對吧？
有能力買書有時間看書，比起三餐沒有著落的
人，來得幸福一萬倍吧！

我想說正負能量都是很重要的養分，負能量也是
我們人生的必需品，就像電影一樣，有壞人就一
定有好人，現實世界也是如此，總是需要一個平
衡。

我想表達的是不要刻意無視或壓抑你的負能量，
因為它也是人生很重要的一環啊！
適度的負能量能使你成長。
身為一位憂鬱症患者，對我來說負能量太重要
了，我用負能量去看待這個世界，負能量也給了

我與眾不同的世界，不要排斥不要害怕你的負面
情緒，試著與它相處看看，或許你會有不一樣的
收穫呢，跟著我一起逆思考吧！

我有一個服裝品牌夢，我也實際去生產了衣服，
我在 T-shirt 上繡了負面的語句，還花了很多錢生
產和申請專利，但到今天沒有賣出任何一件。
哈哈～我一點也不意外！
因為大家習慣了衣服上是快樂的字眼，例如：
Happy、Smile 等等。

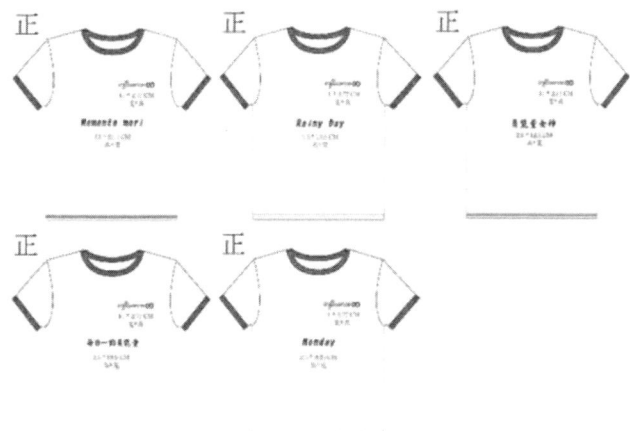

當然還有很多原因導致衣服賣不出去啦，但我想普遍民眾還不會想把負面的字眼穿在身上。

大家都習慣了，我們應該陽光正向，卻忘了陽光照耀下的背影是黑的，有陽光就會有陰影，這是必然的，看向太陽的時候也好好照顧你的影子啊！

因為影子是因你而存在，你又無法避免影子的產生，所以請你正視你的影子，它真實的存在，並且一直跟著你，陽光與影子是同時存在的，代表著你的正面情緒和負面情緒，也是同時存在的，不用去消滅哪一個，你只要和它們和平共處，在溫暖的太陽照射下，你與影子在草地上悠閒的坐著，享受著每一天的酸甜苦辣。

∞公開

除了家人幾乎沒有人知道我是一名憂鬱症患者，在人群中我是多麼的正常，出了書之後應該很多人都很意外吧。

我搞笑我瘋癲我安靜我害羞，不管什麼樣的情緒下，都成功掩蓋我抑鬱的靈魂。

為什麼要公開？因為我想記錄我生病的過程，再來如有幸的話，可以讓有緣看到這本書的人，多了解憂鬱症這樣的精神疾病，也希望能從書中得到一些不同的人生哲學。

我也要感謝一位 YouTuber 劉力穎，看了他的影片我更有勇氣去看醫生，也因為看了她出的書，自

己有感而發寫下這本書。

希望我的書也能幫助人，能幫助到一個人我就非常感謝了。

網路上有人說憂鬱症的人努力裝正常，正常的人卻裝憂鬱，近年來精神病被某些人用來當話題，讓人覺得精神病被過度利用，這不是我所樂見的，因為真正的病患會被誤解，或認為這是小事人人都有，而不去重視它。
我希望大家可以更明理的看待精神病患者，請不要忽視它也不要濫用它。
它不應該是被當作炒作的話題，它應該是要被當作議題去討論。

我希望每位患者都可以受到好的理解，也並非綜

藝大哥所說的不知足，精神疾病是身理及心理造成的，不要在不了解的情況下，以主觀的意識檢討我們。

生病很辛苦吧，但也請不要利用它找藉口。

你可以因為生病休息，但是不能因為生病而荒廢你的人生。

生病不可怕，可怕的是自我放棄。

你知道真正的患者們是多努力的在走每一步嗎？

我想勇敢地承認，是的，我是一名真正的憂鬱症患者。

∞治療

開始接受治療後，跟我正式步入社會工作差不多
時間，成為社會新鮮人的我選擇到台北打拼，一
方面也是覺得未來發展性比較大，二來自己住在
外面也比較自在。

但我也吃盡苦頭，藥的副作用讓我記憶力衰退和
嗜睡等等，加上工作上的環境熟悉，和業績的壓
力，讓我表現得差強人意。

上班最嚴重的時候躲在公司廁所哭，趴在座位上
偷哭，下班走回家的路上大哭，無時無刻的大
哭，晚上焦慮到睡不著，工作一個接著一個換。

當然我也不是全怪因為生病的關係，我相信跟個

人能力還是有關，而身為一個社會新鮮人還沒找到自己的定位也是一個原因。

我記得有一次在租屋處哭的太撕心裂肺，搗著嘴吧也沒有用，後來直接跟公司請假，說是得了急性腸胃炎，但實際狀況更糟糕。

我可以因為一個東西打不開而大哭大鬧，只要一點小事就能觸發我的點，然後引爆它。

在此同時我迎來我人生的低潮，事業身體都不順，某天媽媽因為聽到我想自殺非常傷心，在那個晚上換媽媽爆發了，跟我發生爭執拉扯中打傷我。

這件事後在其他家人的建議下，我和媽媽一起去

大醫院的精神科看病，雖然媽媽沒有確診，但醫生建議我們必須分開，但怎麼可能真的完全分開。

總之，這件事情就雷聲大雨點小的結束了。

但意外的是換醫生後，我的情緒穩定了許多，醫生很細心地記下我說的每一句話，我漸漸的不需要吃安眠藥，慢慢地減少藥量。

但隨著我又回到職場，我的藥量又再次加重，但我一點也不擔心不害怕，因為我不敢想像有一天憂鬱離我而去，我會是什麼樣子，這麼多年來已經跟我融為一體，我從未戰勝它啊！

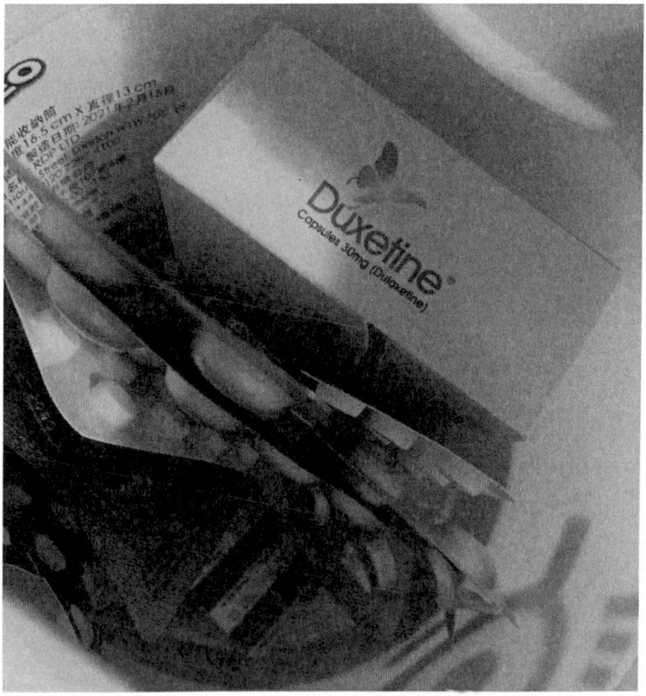
Duxetine
Capsules 30mg (Duloxetine)

∞副作用

吃藥會有副作用很正常吧，甚至還會留下後遺症。

我的體重漸漸上升，安眠藥使我記憶力衰退的可怕，上一秒的事下一秒馬上忘記，讓我對安眠藥又愛又恨。

吃了藥白天彷彿得了嗜睡症一樣，根本沒辦法好好上班，最嚴重還要跑到廁所，在馬桶蓋上趴幾分鐘才能稍微緩和，剛開始吃藥還有適應期的時候，身體非常不舒服，渾身不適、胃食道逆流、嘔吐更是常有的事，好不容易吃進去的藥又全部吐出來了。

我只要焦慮就開始扯頭髮、拔指甲，現在對我來說頭髮和指甲掉下來的那一瞬間很抒壓，即使醫生開藥讓我接受治療，我依然繼續拔著我的指甲抓著我的頭髮。

藥不是萬能，我還是得靠自己，很多人提醒我，憂鬱症的藥吃多了會有後遺症，要我能少吃就少吃。

可是怎麼辦？藥對我來說太重要了。

已經到了沒有藥不行的地步，快要沒有藥的時候會開始感到不安，這是我還在面對的問題，接受憂鬱症治療的你，一定有遇到自己的瓶頸吧？

沒關係啊！我也有。

∞住院

醫生有提議要我住院,但家人似乎不是很願意,怕我被關到瘋掉,雖然最後我沒有住院,不過我有跟醫生小聊一下,真的不會像傳統觀念那樣啦。

住院期間會安排你參與一些療程,和其他病友一起,我也看過歐美一部片,也是關於住精神病院的故事,其實不會像以前給人的印象,所以有考慮要住院的朋友可以好好跟你的醫生聊聊,上網查相關資料做一些功課。

其實我內心是還滿想住院的,換個環境換個心

境，但由於家人的擔心加上要上班，就暫時取消這次的住院計畫。

love

∞台灣精準醫療計畫

我參與了這項醫療計畫，簡單來說就是透過抽血來檢驗你的基因，量身打造適合和自己的醫療療程，透過基因檢驗，找出基因缺陷和會過敏的藥物，也可以提供給其他人去參考，不過這個報告要等半年，也許等到這個報告出爐，醫生就可以對症下藥，對我的療程就會更有效益，也許可以知道我是先天的缺陷還是後天心理問題，造成我的憂鬱症。

本來想告訴大家結果的，但在這邊就留給大家一個想像空間。

因為阿，結果是什麼不重要，我只要放下過去擁抱現在的自己，那就足夠了！

♥love

∞悲劇

為什麼自殺不能解決事情？

死後不是一切都結束了嗎？

除了讓愛你的人傷心以外，如果他們又能理解你，那為什麼不？

我特別討厭 Happy Ending，相信大家在看任何影片，有八成都猜得到結局甚至劇情，反之悲劇的題材就少了一點，比起好結局悲劇更讓人印象深刻，而我又特別討厭看愛情劇。

有一部電影《Me Before You》，對我來說也是普通的愛情劇，但我對他的結局很滿意，對於喜歡

悲劇的我來說，他並不夢幻而是很真實。

也許因為真實生活不會有過於美好的愛情或人生，所以用多數影集去彌補這個現實的缺口，我不是一個充滿正能量的人，我充滿了負能量，偶爾一點負能量，也是可以為生活增添色彩。

我牽著我的黑狗漫步在我的世界，我不需要每天都很正面耀眼，我也可以帶著我的負能量走過每一天。

黑白的世界依然美麗啊！就跟復古影集一樣經典！

∞眼光

請不要害怕我們，我們就像一般生病一樣，接受治療就能穩定病情，請不需要用不同的眼光看我們，我們不特別，我們只是比別人需要更多勇氣活下去而已。

不用擔心會不小心傷害了我們，

越是害怕傷害到我們的態度，反而越容易傷害到我們，大家是多不容易啊，怎麼會因為小事就倒下，病發的時候都能撐過去了，
別怕！就像和一般人互動一樣，我們也是一般人而已啊，只是心生病了。

家裡知道我談戀愛，媽媽說可能對方家庭知道我有憂鬱症之後，會不太能接受。

是啊！我那麼好的兒子為什麼要選一個憂鬱症的女生，萬一病發傷到兒子，萬一自殺，萬一產後憂鬱，或基因遺傳給下一代呢？

媽媽只說你不要害了人家，至今我的男朋友也沒有告訴他的家人我有憂鬱症，但是不管未來我跟哪個男孩在一起，甚至要走入婚姻都會遇到這個的問題。

抱歉，我也還在經歷中，我沒辦法給你一個完整的答覆。

但對於憂鬱症的認識和關注是該多一些，不該再只是圈內人該了解的一種精神疾病，這樣的病已經世界排行前幾死亡率的病了。

∞你不行

不管有沒有生病，很多時候你會得到別人的否
定，我也是一路否定多於肯定，確診後身邊的人
也會認為我的抗壓性太低，無法勝任 一些工作。

我也不太想多解釋，但憂鬱症是因為抗壓性太
低，已經被醫學否定了，反而說抗壓性高才容易
得憂鬱症，看了那麼多文章和自身的經驗，我得
到的結論是對自我要求高，並乘載了所有負能
量，我的言論不一定是對的，但我想說任何病痛
都不會阻止你追夢，只是讓你在築夢的過程多了
更多建材可以選擇。
當別人再次對你說你不行時，不需要大聲反駁或

是暗自落淚,「你可以」、「我可以」是你人生中必須自我堅定的一項大事,別因為別人的否定,而否定了自己的價值。

或許還找不到人生的意義,但否定自己是最忌諱的事情,身而為人必有老天爺對你的期許存在。

∞名人

世界上有許多名人同樣受精神疾病所苦，有的一生與它相伴，有的隨它而去，不管怎麼樣的決定和結果，都沒有絕對的好壞，這是他們對抗後的選擇。

我羨慕哪種呢？

當然是隨它而去的人啊！

因為我從未想要戰勝它！

但每次堅持下來的原因總是身邊的人，雖然可以自私一點的說，我為什麼要用我的活著換你們的不傷心。

名人離世後，家人朋友粉絲是多麼悲痛，如果有一天換成是我，我自己會有多難受。

許多藝人因為網路霸凌，患上精神疾病，甚至到最後了結自己璀璨的一生，這真的是令人非常痛心的事，霸凌在我們生活中無所不在，如果這個世界多一點愛多一點同理心，這個社會是否會更美好一些……

希望這些名人不要白白犧牲，請大家更重視網路霸凌，可以設立一些管制或是法令，來控管這些網路霸凌，雖然我覺得這不是治本的辦法，但現階段只能一步一步來，願這個世界的人都有良知。

我知道自己的影響力不大，但我還是要說，如過這個社會多一點溫暖，是否可以預防一個又一個陷入精神困擾的人呢？

不再讓憂鬱症成為世界的排名死因。

∞霸凌

憂鬱症有越來越年輕化的趨勢，雖然憂鬱症找上的人不特定，但是不是可以避免後天造成的憂鬱症。

「霸凌」在校園和網路上是越來越頻繁發生，因為霸凌而離開我們的人和名人越來越多了，如果我們可以互相相愛一些就好了。

願這個世上的每個生命都可以被溫柔的對待，也希望我們能溫柔的對待每個生命，別讓霸凌的風氣越來越旺盛，造成許多後天的憂鬱症患者產生。

為什麼善良這麼珍貴難得？尤其隨著時間年紀增

長，善良變得更加難得。

在這個現實的世界，大部分的人都會以自己的利益優先，而失去良知，或為了得關注跟一時的快感，霸凌欺壓他人，尤其校園霸凌屢見不鮮，年齡層也越來越低，這真的讓我很擔心，作為長輩或同儕，盡自己的一己之力，去救回那些被霸凌的孩子，而霸凌人的孩子是該受到相對的懲罰，但懲罰是最後的制裁，我們應該做到的是避免。

願每個孩子都在充滿愛的環境中成長茁壯。

善良是一種選擇。

∞好想愛這個世界啊

<u>華晨宇</u>寫給憂鬱症患者的歌，聽了也有幾分感觸。

「屋檐角下

排著烏鴉

密密麻麻

被壓抑的情緒不知如何表達

無論我

在這裡

在那裡

彷彿失魂的蟲鳴

卻明白此刻應該做些努力」

平常的我們是多壓抑自己的情緒，一個不小心就會從盤旋的烏鴉身上掉下去，可此刻卻明白必須為自己做點什麼，試著給自己一次機會，給自己努力一次的機會。

去聽這首歌掉幾滴眼淚，再繼續往前進。

試著跳脫低落的情緒，想想心中的寄託，想想讓你微笑的事情，不用急著擺脫它，先試著和它相處就好。

放下才能得到更好的治癒，傷疤停留在回憶吧！

我知道一個不小心就會跟世界道別，但是答應我在自殺前，給自己五秒回憶一下你的一生。

不論你做什麼決定，我都支持你，祝福你！

∞我有我自己

<u>閻奕格的歌</u>

「一次次面對困境

　一場場戰役

　但是可以自豪的是我憑我自己

　活成今天這樣還算滿意

　走過荒野　走過崎嶇　才走到這裡

　我有脆弱　也有勇氣　我有我自己

　並不是誰都天生有翅膀飛行

　不靠好運氣　而收穫的才叫奇蹟

　給你這些　就沒那些　生命很公平

　就算羨慕　也不妒忌　我有我自己

每次當沮喪趁深夜洶湧來襲
總會有聲音來提醒 不要辜負了自己」

我只能說最後能依靠只有自己，醫生和家人朋友只能輔助你，必須靠你自己才能完成整個療程，你能活到今天已經足夠漂亮了！

你可以脆弱但你不能放棄勇敢，因為你還有你自己，我深信大公伯是公平的，沒有病痛的人也會有他的課題要去面對，不用去羨慕別人，因為你永遠不會知道每個人光鮮亮麗的背後，流了多少汗水和眼淚。

而你我的課題是如何與憂鬱相處，不要辜負了一路走過來的自己。

在我們與憂鬱道別前，會遇到很多大大小小的戰役，當你走過後，希望你為自己感到自豪，或許你覺得自己一生沒什麼好運，但沒有靠運氣的成功才是奇蹟啊！

∞嘿，你還好嗎？

<u>鍾漢良</u>唱得特別有感觸，他的成長真的是一路被大家看著。

「嘿　就算你不被了解

　請你默默地向前

　風景將會慢慢出現

　嘿　人生有很多表演

　嘿　請做自己的導演」

我相信一個人的一生某些時刻，一定有被不諒解的時候，沒關係默默向前是最有力的做法，我們不需要永遠都被諒解，只要相信自己就夠了。

我知道不被諒解的心酸，但要成就大事勢必都經過一翻洗禮，才能華麗的轉身驚豔眾人。

人生時時刻刻都在出演，人生就像劇本一樣一齣戲一樣，你有特權決定怎麼演出，不需要無時無刻都有完美演出，因為我們都是第一次當人生演員。

如果你現在是十七歲的導演，那恭喜你好好的導演你的青春，這將深深烙印在你人生劇本的其中一則，不管你是幾歲的導演，都不要忘記珍惜當下把握當下，你會發現很多不可思議的事情，而我不想劇透。

沒人會劇透你的人生，連你自己也沒辦法。

我也不想過著被安排好的人生，我想我的黑狗會帶我走很不一樣的人生道路。

因為有了黑狗，我的人生劇本又多了個主角！

∞加油

不要跟我說加油，我曾經跟我的家人這樣說過，因為我一點都不想加油，或著說我已經很努力了。

簡言之，「加油」在部分患者耳裡聽起來或許很刺耳，至少我是不喜歡聽到。
有一個理論叫做 ABC 理論，有興趣的可以上網查查看，我就不贅述了。

我的第一個醫生曾經跟我說過，家人可能是你治療的阻力或助力，靠自己去衡量，至少我的家人接受事實，雖然有些意外，但還是很關心我治療

的狀況。

我非常感謝家人對我的理解，讓我安心接受治療。

不過偶爾還是會有壓力，或許是迫切地希望孩子可以康復，又或許是給了很多建議，有時候醫生或心理諮商師給的意見，都不一定能打開我們的心房了。

也許過度的關心也會讓患者陷入恐慌，我覺得患者偶爾需要安靜的世界，也許偶爾他會讓你到他的世界聊聊天，但大部分的時間默默的陪伴，就是最大的助力了。

「加油」已不再是唯一可以說的話。

而傾聽者也要衡量自身的狀況，要在自己可以負

擔的範圍內陪伴患者。

衡量自己可以負擔的能力為主，不要讓自己也被
患者影響了。

∞廢言

「想開一點就好了」
「不要想太多」
「你已經很幸福了」......

不止憂鬱症患者會聽到這些話，大家應該都很常聽到這些話。
也許是真的不知道要說什麼話好，陪伴者只能說這些話。

但人生很多大道理，其實我們都懂，但真的要去做到是另一回事。

如果那麼容易就能做到，那就不叫人生了。

道理大家都懂，難的是去實踐它，對吧。

其實開導人的時候可以少一些廢言講重點就可以
了。

當然要當開導者也不是件容易的事，但避免講一
些大道理應該是可以做到的吧？

這也是我還在學習的地方，而默默的陪伴也是一
種選擇。

∞人生

到現在我活了二十四年，接受憂鬱症治療也有兩年了。

而我在一個字一個字打出我的故事時，卻是簡單幾個字就能交代過去。

突然覺得我的人生沒有活出該有的高度，沒有充實的填滿它。

就像回首學生時期的回憶你能回憶多久？

十分鐘？

學生時期可是占了我大半輩子ㄟ

如果不想像我一樣，短短幾個字就能交代你的人生。

請你從現在開始好好充實你的人生。

這是我寫下這本書最大的領悟之一，將來的我會更努力填滿自己的人生。

閱讀更多的書籍，精進自己的寫作能力。
抱歉了，讓各位看了一本初學者的書，我真的非常感激大家。

∞努力

人生要努力是必然的，努力是為了自己。

然而在一些歌詞、書籍和語錄，會提到努力才會被看見，但我不是完全的認同，努力不是為了讓別人看到這麼簡單。

這也不是努力的初衷，努力的初衷是為了讓自己更好，並不是努力給別人看。

希望大家都能為自己奮鬥一場，並不是為了表現給別人看而努力。

我知道會有努力給別人的想法，是想向世人證明
自己的能力自己的存在是有意義的，但得到了之
後呢？短暫的快樂，你努力的方向真的是你夢想
的嗎？

還是為了迎合世俗而去努力？

不用急著證明自己，我們只要默默耕耘就好了。

∞世俗

我們常因為世俗的眼光而壓抑自己，我敢說要完全做自己是不可能的，因為這個世上不只你一個人而已，做自己的前提是不影響他人的情況下，所以我很肯定百分之百做自己是不可能的。

例如：你討厭一個人，所以你帶著大家去排擠他。

是啊！你做自己，因為你討厭所以你表現出來，然後再影響其他人一起去排擠他，這就不對了，這就不叫做自己，這叫霸凌。

沒有人說不能討厭別人，但不能再影響他人的情況下，完全地做自己想做的事。

我曾經有不上大學的想法，當然哪個父母能接

受，這也算是世俗想法的一個例子吧。

我也不是世俗標準下的美女，我沒有深邃的雙眼皮，沒有高挺的鼻子，更沒有鵝蛋臉，但我覺得為了符合世俗的標準，而去改變自己的容貌，不是我想要的。

我想表達適度的忠於自我是需要的，並不是所有事情都要照著世俗的看法，雖然我知道很難，只要在不影響他人的情況下，你的每一步都可以大膽邁開步伐，人生就這麼一次，每分每秒就這麼一次，你不後悔嗎？

別壓抑自己自由的靈魂。
不要害怕世俗對憂鬱症的標籤而逃避它，它是你值得好好面對的情緒。

憂鬱症正是需要你我共同來撕掉它的標籤，每次看到網友留言，說自己是憂鬱症患者而感到丟臉，每次看都覺得很心疼，要面對疾病帶來的痛苦就算了，還要面對這個對精神疾病不友善的環境，我們是不是該團結起來一起發聲，為我們和下一代準備更好的醫療資源和世俗環境。

∞安樂死

關於安樂死有很多不同的聲音，我也尊重反對的人，但能夠體面的離世，對我來說非常誘人。

有時候想不透我每天固定吃藥，就是為了壓抑想自殺的念頭，我這是何苦？

我想安樂死已經是世界上很大的議題，說不定會翻轉世界。

不過安樂死的確是值得我們深入探討的議題，在生老病死的最後一刻，用最體面的方式送走自己或親人，不拖累親人，選擇安樂死無非是希望能

尊嚴從容地離開，

但前提是什麼目的下，才使用這樣的方式與道別

世界。

願這個世上的每個生命在終點時都能夠被善待。

∞好奇

我是好奇寶寶。

好奇二十五歲的我會是什麼樣子？

好奇跟我相伴一生的人是什麼樣的人？

好奇我穿上婚紗是什麼樣子？

好奇我會不會成為商業女強人？

好奇我會不會成為媽媽？

好奇未來的我會是什麼樣子？

可不可以讓自己多一份好奇心，為了看到大放異彩的自己，而延續自己的可貴的生命。

讓對未來的好奇心帶著你走接下來的每一步。

 love

∞夢想

有一次看診,我跟醫生說我找不到活下去得理由,醫生回答要我回想一下,小時候的夢想是什麼?

我大概愣了幾秒,長大後的我並沒有夢想ㄟ,夢想大概就是當個不用上班的有錢人吧。

小時候夢想可多了呢,大家一定有寫過作文,我要將來要成為……

每次都可以寫不一樣的,想當老師、明星、翻譯員、作家等等。

隨著時間漸漸被現實打回原地了吧?

看到這裡你還有勇氣去追尋兒時的夢想嗎?

 love

想當模特兒演員，所以去了幾次試鏡，也在補習班當過助教，還在這一年寫下第一本書，雖然離真的夢想還差很遠，但真的很有趣！

當你踏出了第一步，你會覺得很不真實，原來夢想可以很遠也可以很近。

因為我不希望在我臨終的時候，才後悔年輕的時候怎麼不多一點衝勁。
沒關係啊！即使夢想看似很遠，但你不踏出第一步，你永遠不會懂夢想是怎麼一回事。

我對於自己想做的事，就是一股衝勁，當過模特兒、臨演、申請自己服裝品牌的專利，一個衝動就打開 word 檔開始寫起我的故事我的態度。

年輕就是本錢這句話，我也算是用的淋淋盡致
吧？

∞ 旅行

爸爸幫我實現了人生清單的一件事。

他帶我和姊姊去歐洲旅遊，這輩子最想去的地方就是英國。

如果我離世的話，就會少一項遺憾吧。

歐洲真的很美，在那裡度過了聖誕節和新年，我非常滿足。

但我還想看看歐洲其他國家、美國、加拿大和紐西蘭等等。

世界這麼大，文化那麼多，要不要找個時間讓自己去外面看看。

努力工作存錢，用自己辛苦賺的錢，帶自己去看看這個世界，
說不定你會看到某個壯觀的景象而震撼，發現自己是多麼渺小，還沒看夠這個世界，知道的太少、看見的太少。

如果你現在疲憊不堪，或許來趟輕旅行，也許會轉換你的心情喔。

在自己的人生清單多寫一些想完成的事，一個一個慢慢實踐它。

延續老天爺給你的時間，傳承你的文化。

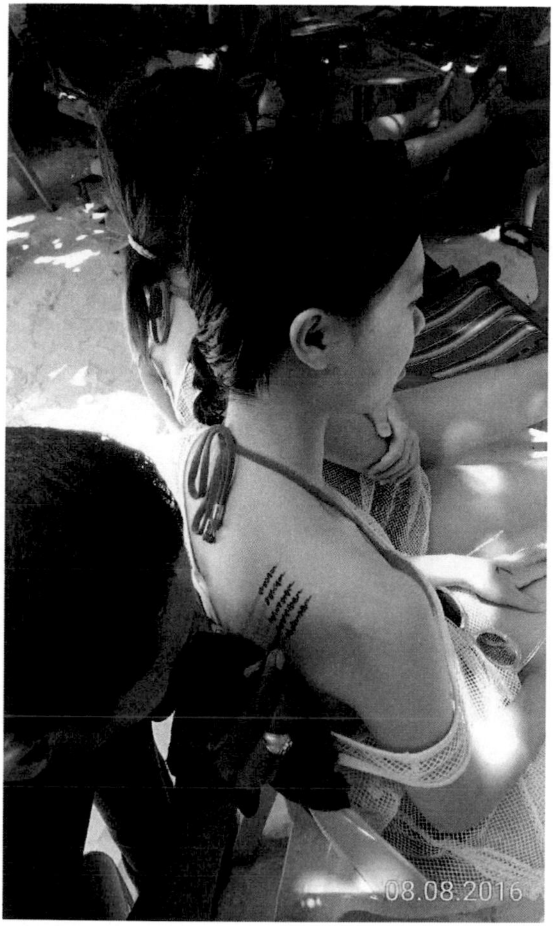

08.08.2016

∞六歲

六歲的自己，我希望你有一個快樂的童年，可以
和同學一起討論遊戲、嬉戲和胡鬧，不要活在恐
懼中。
你很勇敢，因為未來的你會很以現在的你為傲，
撐過去就是你的。

我們一起為世界上的每個孩子祈禱，都能擁有一
個美麗的童年吧！

請保持你的善良純真到未來，這是我在你身上看
到很可貴的寶藏。

我很喜歡當時活潑天真又話多的妳，我在你身上看到身為一個孩子該有的孩子氣，也看到你身為孩子體貼的一面。

我真的很喜歡你喔，爸爸媽媽大家也都很愛你喔！

∞十二歲

十二歲的你，如果還沒有方向還沒有夢想，請你先好好讀書，把書本當作梯子墊起來才能看到高牆外的世界。

你可以被否定也可以有負面情緒，但是不要在現在被擊倒就好，我知道你身上流著叛逆的血液，青春不留白，但也不要留下污點。

你可以的，我們不急著證明自己！

雖然青春期的你沒把握很多機會，也沒什麼特別的天分，

但你是獨一無二的，你知道嗎？

∞十八歲

成年囉！你越來越做自己，你也確信自己病了，但你很堅強的忍下來了，不靠藥物靠自己的內在，但是你還是必須接受專業的醫療醫治，才是最根本的辦法，對不起，讓你堅持那麼久才去接受治療，雖然說如果提前接受治療，或許對你的病情是有幫助的，但沒關係凡事都有它的安排，既然已經過了就別再回首過去了，未來的你會好好接受藥物治療，未來的你很感謝你堅持下來，並學會獨自與黑狗相處，不去影響他人，不讓他人擔憂。

成年的你做的任何決定我都以你為榮，你也到了

可以為自己行為負責的年紀了，大膽的去做吧！

我欣賞這時候的你，有夢就去追的年紀。

∞現在

現在的我接受治療，狀態算穩定，就是有點不甘心，我這麼辛苦的活了二十四年，就這樣畫下句點，那我前面受的苦算是白受了？
媽媽帶我去算命過，算命師告訴我要好好活著，我未來會是成功人士。
是嗎？
那我就期待囉～哈哈

我希望這本書有機會被別人看到，我並不是專業的作家，我只是一個平凡的上班族，寫下這本書也是我人生清單中的一件事，我又完成一件事了！

如果又剛好這本書，可以帶給大家不一樣的想法

一個人也好，那我活得是不是有了一點意義了？

∞未來

未來的你，完成幾項人生清單了？

你和憂鬱分手了嗎？

還是和它和平相處？

不管未來你走到哪一步，我都以你為榮，你也該
感謝過去頑強的自己。

我希望你不只克服了自己的障礙，還能幫助別人
走出難關。

然後依然保持初衷。

然後不要放棄尋找人生的意義，在未來我希望得
到你的答案，老天爺安排你是上做什麼重要的任
務，也希望你在追尋的路上能有所收穫，

請不要浪費你的生命，因為你的每一分每一秒都很重要，任何一秒過了就不會再回來了，我對你有信心，因為你是那麼堅強，在尋找人生意義的道路上，難免跌跌撞撞，但你可以熬過去的！

♥love

∞愛自己

我有一個可以有機會讓我看看這個世界的家庭，
但必須靠自己努力才能得到想要的一切的家庭，
感謝上天這樣的安排，讓我在人生的道路上一直
一直的努力。

我不是世俗中的完美女生，但我與眾不同，
因為有了黑狗，我更愛現在的自己，
因為我是那麼的特別，我的世界充滿各種顏色。

感謝老天讓我看到不一樣的世界。
不要忘了「獨一無二」適用在每個人身上。
愛任何人前先學會愛自己，是所有人的課題，不

要忽略了「愛自己」的重要性，即時你不去愛身邊的人，或身邊的人沒有給你愛，你依然要用自己的愛灌溉自己，因為愛自己是學會愛惜生命的第一步。

∞活著

你為什麼而活？

我的醫生雖然沒有正面回答我的問題，但他告訴我發現人生意義的時間點一點也不重要，也許真的是這樣吧。

也許什麼時候發現人生的意義並不重要，而是你怎麼去尋找人生的意義，

一生能做好一件事就算功德圓滿了對吧？

不用執著在你為什麼在這個世界上，而是正在追尋人生意義道路上的過程中成長，並不是你一生無望，而是你的時間點還沒到而已，我是說在有努力的前提之下。

千萬要記住為自己而活！

∞訊號

如果可以選你會選擇自殺嗎？

會！我會！

但我還沒看到夢想中的自己啊！

如果你也有自殺的念頭，你會因為選擇什麼樣的理由，留下你寶貴的生命？

搜尋著 YouTube 上「憂鬱症」相關影片，影片裡的照片一張張笑容燦爛的孩子，但那些笑容已永遠的消失在世上了，而微笑背後又有多少悲傷的故事是不為人知的？

我們常忽略身旁的人的真實情緒，或著認為過一下就好了，甚至有些人連求救的訊號都不知道怎麼發出，實際上一般人也很難那麼細膩的去觀察一個人的所有情緒。

我想我也是屬於微笑抑鬱症，人前笑哈哈人後獨自流淚，也不知道怎麼跟外界丟出訊號，就這樣獨自撐到二十二歲那年，才開始我的治療療程。

雖然我們不是專業的醫生，但當我們察覺到身旁的人有一些異樣，我們是否可以適度地釋出一些善意，默默地支持著身旁的人，不止是憂鬱症的病友，任何情緒不穩定的人，或許都需要旁人的溫暖。

∞痊癒

定期接受治療，是有機會痊癒的，所以給自己一個康復的機會。
雖然現階段的我不希望自己完全痊癒，因為我不知道康復後的日子要怎麼過，

從國小開始，抑鬱就一直陪伴著我，我習慣負面的去看待世界，我不知道怎麼宣洩情緒，似乎只有發作的時候才能稍微宣洩一下我的情緒。

總之，當你一直習慣在一個狀態中，突然消失了要怎麼去接受，抑鬱已成為我人格的一半，在將來這是我要面對的問題，我知道在我定期回診的

日子下，有一天我終究會康復，

我其實很害怕這一天，因為藥和抑鬱已經成為我
生活不可或缺的一部分。

∞ 結 語

我並不是要傳遞負面情緒給大家，而是希望大家不要漠視自己的負能量，負能量也是一種能量啊！

能夠學會控制自己的負面情緒，是每個人一生的必修課程，我們都是幸運的人，大家都有各自的經歷，看待這個世界的角度也會不同，這是上天給我們闖出幸福的機會啊！

沒想過要戰勝它，只想著能和它和平共處，我就心滿意足了，不瞞你說抑鬱給了我很大的力量，也讓我成為我。

並不是所有的病的到來都是壞事，它的到來或許
是要教會你一些事情，或讓你體驗截然不同的人
生。

讓我們一起擁抱這些不完美中的完美！

It's okay not to be okay.

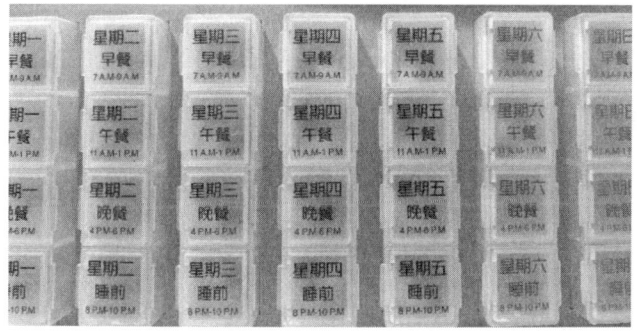

國家圖書館出版品預行編目資料

每日一點負能量∞／Chloe 著 －初版.－臺中
市：白象文化事業有限公司，2021.09
　　面；　公分.
ISBN 978-626-7018-29-3（平裝）

177.2　　　　　　　　　　110011946

每日一點負能量∞

作　　　者　Chloe
發 行 人　張輝潭
出版發行　白象文化事業有限公司
　　　　　　412台中市大里區科技路1號8樓之2（台中軟體園區）
　　　　　　出版專線：（04）2496-5995　　傳真：（04）2496-9901
　　　　　　401台中市東區和平街228巷44號（經銷部）
　　　　　　購書專線：（04）2220-8589　　傳真：（04）2220-8505
專案主編　陳媁婷
出版編印　林榮威、陳逸儒、黃麗穎、水邊、陳媁婷、李婕
設計創意　張禮南、何佳諠
經銷推廣　李莉吟、莊博亞、劉育姍、李如玉
經紀企劃　張輝潭、徐錦淳、廖書湘、黃姿虹
營運管理　林金郎、曾千熏
印　　　刷　普羅文化股份有限公司
初版一刷　2021 年 09 月
定　　　價　200 元

白象文化　印書小舖 PRESSSTORE　出版 · 經銷 · 宣傳 · 設計
www.ElephantWhite.com.tw　f 自費出版的領導者　購書 白象文化生活館